Imkern lernen für Einsteiger

Bienen halten Step by Step

Wie Sie die Bienenhaltung leicht erlernen und Ihren eigenen Honig produzieren

Frank Schmidt

INHALT

Das erwartet Sie in diesem Buch

Wenn man sich für die Haltung von Honigbienen interessiert und mit dem Gedanken spielt, die Imkerei als Hobby oder Beruf zu erlernen, kommen gerade am Anfang viele verschiedene Fragen auf. Diese beziehen sich sowohl auf die Biologie und das Leben der Honigbiene als auch auf die Tätigkeiten eines Imkers. In diesem Ratgeber sind alle wichtigen Informationen enthalten, darunter Antworten auf die Fragen:

• Was sind die ersten Schritte, wenn man mit dem Imkern beginnen möchte?

- Welche rechtlichen Vorschriften gibt es für die Haltung von Bienen?
- Welche Arbeitsgeräte und Materialien müssen angeschafft werden?
- Woher bekommt man die Bienen?
- Welche Arbeiten fallen über das Jahr am Bienenvolk an?

Doch auch die Biologie und das Leben einer Honigbiene werden näher beleuchtet. Dabei gibt es viel Spannendes zu entdecken, so werden zum Beispiel folgende Themen behandelt:

- Die biologischen Merkmale einer Honigbiene
- Die verschiedenen Arten der Honigbiene und der Aufbau des Bienenvolkes
- Der jahreszeitliche Verlauf im Leben eines Bienenvolkes
- Die Produkte der Honigbiene, z. B. wie Bienen ihren Honig gewinnen.

Auch in diesem Ratgeber enthalten ist ein wenig Hintergrundwissen über den uralten Beruf des Imkers – denn die Menschheit hält schon seit tausenden von Jahren Bienen als Nutztiere.

Am Ende gibt es dann noch ein paar Tipps, wie man den Honigbienen, aber auch anderen Insekten und

Wildbienen, etwas Gutes tun kann, auch wenn man nicht direkt Imker wird.

Und nun: Viel Spaß und eine entspannte und interessante Lesezeit mit diesem Ratgeber!

FRANK SCHMIDT

Die Honigbiene – Apis mellifera

BIOLOGIE UND MERKMALE

Die Honigbiene (Apis), ist ein Staaten bildendes Fluginsekt, welches zur Familie der echten Bienen (Apidae) gehört. Weltweit gibt es neun verschiedene Arten der Honigbiene, davon sind die meisten in den Tropen beheimatet.

Unsere heimische Art ist die Apis mellifera, diese ist inzwischen weltweit verbreitet und spielt die größte Rolle in der Imkerei. Sie bildet mehrere Unterarten aus, welche auch miteinander gekreuzt werden können. Bei der Zucht der verschiedenen Arten geht es vor allem um die Ertragssteigerung und das Wesen der Bienen.

In Deutschland kommen vor allem die Kärntner Biene (Apis mellifera carnica) und die Buckfastbiene (Apis mellifera buckfast) vor, welche unsere heimische Art, die Dunkle Europäische Biene (Apis mellifera mellifera), weitestgehend vertrieben haben.

Die Gattung der Honigbienen existiert schon sehr lange auf der Erde. Es gibt Vermutungen, die von bis zu 100 Millionen Jahren ausgehen. Seit jeher trägt die Biene durch ihre Bestäubungsleistungen eine wichtige Rolle innerhalb des Ökosystems der Erde.

Wie erkenne ich eine Honigbiene?
Die Körperlänge der Honigbiene beträgt ca. 11–13 mm (Arbeiterinnen), 13–16 mm (Drohnen, männliche Bienen) und 15–18 mm (Königinnen). Die Königin fällt durch ihre Größe und den wesentlich längeren Hinterleib im Bienenvolk sofort auf. Die Drohnen unterscheiden sich dahin gehend von den Arbeiterinnen, dass sie etwas größer sind und plumper erscheinen, auch ihre Augen sind erheblich größer. Alle weiblichen Honigbienen besitzen einen Stachel. Der Stachel der Arbeiterinnen verfügt über Widerhaken. Wenn die Biene nun ein Säugetier oder Menschen sticht, bleibt der Stachel mit der Giftblase in der Haut des Opfers hängen und reißt, beim Versuch der Biene sich zu befreien, heraus, sodass die Biene ihr Leben lassen muss. Bei einem Stich

in den Chitinpanzer anderer Insekten sieht es anders aus – so zum Beispiel, wenn die Königin ihre Konkurrentinnen tötet oder bei der Verteidigung des Volkes gegen Eindringlinge durch die Wächterbiene – dort kann der Stachel einfach wieder herausgezogen werden.

Der Körper der Honigbiene ist behaart und meist braun mit schmalen, helleren Segmenten am Hinterleib. Die Färbung kann von dunklerem Braun über gelblich bis rötlich, je nach Art, variieren. Entgegen vieler Meinungen und Zeichnungen, zum Beispiel in Kinderbüchern, ist die Honigbiene nicht schwarz und gelb gestreift. Dies wird mit der Warnfärbung, wie z. B. bei Wespen, verwechselt.

Bei der Honigbiene erkennt man sehr gut die Unterteilung der **drei Körperteile**:
– **Kopf**, mit den beiden Facettenaugen, den Mundwerkzeugen und zwei Fühlern
– **Brust**, mit sechs Beinen und zwei Paaren Hautflügeln
– **Hinterleib**.

Die Honigbiene gehört zu der Insektengruppe der Hautflügler, sie besitzt zwei häutige Flügelpaare mit wenigen Adern. Außerdem gehört sie der Gruppe der

Gliederfüßer an, ihre sechs Beine sind in fünf Segmente (Glieder) unterteilt.

DAS BIENENVOLK – NUR GEMEINSAM STARK

Wie eingangs schon beschrieben, ist die Honigbiene ein Staaten-bildendes Insekt. Ohne ihr Volk kann eine Biene nicht lange überleben. Ein Bienenvolk kann in der Hochsaison im Sommer bis zu 60.000 Bienen beherbergen, im Winter sind es dann noch bis zu 15.000 Tiere, welche gemeinsam die kalte Jahreszeit überleben.

Im Bienenstaat fallen verschiedenen Arbeiten an, welche fest aufgeteilt sind. Was dem Betrachter von außen vielleicht wie ein einziges wuseliges Durcheinander vorkommt, ist in Wirklichkeit ein hochkomplexes, gut organisiertes Zusammenleben mit dem Ziel, das Überleben des Volkes zu sichern.

Die Königin
In jedem Volk gibt es immer nur eine Königin. Sie wird in den sogenannten Weiselzellen, welche um einiges größer als die normalen Brutzellen sind, herangezogen und von den Ammenbienen mit dem von ihnen hergestellten, gehaltvollen Futtersaft, auch Gelee Royale

genannt, gefüttert. Ist die Königin nach etwa 16 Tagen geschlüpft, bekämpft und tötet sie weitere, nach ihr schlüpfende Königinnen mit ihrem Stachel. Dann geht es auf den Hochzeitsflug mit den männlichen Bienen, den Drohnen. Sie nimmt dabei einmalig die Samenzellen mehrerer Drohnen in ihrem Hinterleib auf und legt danach bis zu 2000 Eier täglich.

Die Königin lebt bis zu 5 Jahre, in dieser Zeit hält sie das Bienenvolk zusammen und steuert die Vorgänge im Volk durch bestimmte Pheromone. Dieser Stoff, der von der Königin gebildet wird, sorgt dafür, dass die Arbeiterinnen unfruchtbar bleiben und beeinflusst ihr Lernverhalten, auch hält er die Bienen beim Schwärmen zusammen und lockt Drohnen an.

Im nächsten Frühsommer zieht das Volk neue Königinnen heran – die alte schwärmt mit tausenden Bienen aus, um eine neue Behausung zu finden. Dies nutzt der Imker, um ein neues Volk zu gründen.

Die Arbeiterin

In ihrem kurzen Leben, bis zu 6 Wochen im Sommer und bis zu 6–7 Monaten im ruhigeren Winter, leistet die Arbeiterin Erstaunliches. Im Gegensatz zur Königin wird die Arbeiterinnenlarve nur am Anfang mit Gelee Royale gefüttert, danach erhält sie einen Futterbrei, bestehend aus Nektar, Pollen und Honig. Wenn nach etwa 21 Tagen die fertige Arbeiterin schlüpft, beginnt für sie sofort das Arbeitsleben – hierbei übernimmt sie beinahe alle wichtigen Aufgaben im Bienenstock.

Die erste Zeit ihres Erwachsenenlebens ist die Biene mit Arbeiten innerhalb des Stocks betraut:

Tag 1–3: Die junge Biene arbeitet als **Putzbiene**. Sie säubert die Zellen und bereitet diese auf eine erneute Eiablage vor.

Tag 4–12: Als **Ammenbiene** versorgt sie die Brut, hierbei füttert sie zuerst die älteren Larven mit Futterbrei. Später ist die Ammenbiene in der Lage, das körpereigene Sekret, den Weiselfuttersaft, herzustellen, mit welchem sie die jüngeren Larven sowie die Königinnenlarve füttert.

Tag 12–20: In dieser Zeit fungiert die Arbeiterin als **Baubiene**. Sie ist in der Lage, Wachs herzustellen. Hierfür hat sie am Bauch spezielle Drüsen, welche das Wachs ausscheiden.

Ab Tag 20: Die Arbeitsbiene wird zur **Wächterin**. Sie bewacht den Eingang zum Bienenstock und verteidigt ihn gegen Eindringlinge.

Ab ca. Tag 21: Nun beginnt das **Leben außerhalb des Stocks**. Die Arbeiterin wird zur Sammelbiene. Hierfür verwendet sie ihren Saugrüssel, um

Nektar und Honigtau zu sammeln, welcher dann bis zur Ankunft im Stock im sogenannten Honigmagen aufbewahrt und dort wieder freigegeben wird. Mit ihren Beinen kämmt sie die Pollen, welche beim Landen auf den einzelnen Blüten in ihrem Fell hängen bleiben, zu den Hinterbeinen und von dort, mithilfe eines Borstenkamms an der Innenseite des Hinterbeins, ins sogenannte Körbchen an der Außenseite des Hinterbeins. Außerdem sammelt die Biene noch Wasser und Baumharze. Die Sammelbiene ist in der Lage, den anderen Sammlerinnen im Stock eine neue Futterquelle mitzuteilen. Dies geschieht über den sogenannten Rund- oder auch den Schwänzeltanz, hierbei „tanzt" die Biene Halbkreise und geradlinige Läufe abwechselnd, wobei sie ihren Hinterleib rasch hin und her schwenkt (schwänzelt). Dieser Tanz wird von anderen Sammelbienen aufmerksam verfolgt und gibt ihnen eine grobe Richtung der neuen Futterquelle vor.

Die Drohnen –
Nur zur Fortpflanzung zu gebrauchen

Die männlichen Bienen, die Drohnen, entstehen aus unbefruchteten Eiern. Nach dem Schlüpfen dauert es ca. 12 Tage, bis sie geschlechtsreif werden. Nun versuchen sie, sich mit einer Jungkönigin zu paaren. Hierfür treffen sie an sogenannten Drohnensammelplätzen zusammen, angezogen vom Duft der Königinnen. Hierfür legen sie auch weitere Strecken von mehreren Kilometern zurück. Gelingt es einer Drohne, sich zu paaren, stirbt sie nach dem Geschlechtsakt. Erfolglose Drohnen kehren zum Bienenstock zurück, doch dort werden sie nicht mehr lange geduldet. Ab Mitte Juli beginnt die Vertreibung der Drohnen aus dem Volk – sie bringen nun keinen Nutzen mehr und werden aus dem Stock verstoßen. Sie sterben kurze Zeit später, da sie nicht in der Lage sind, sich selbst zu ernähren. Insgesamt beträgt ihre Lebenszeit nur wenige Wochen.

Imker –
Ein alter Beruf mit
Tradition

Die Produkte der Honigbiene, allem voran natürlich der Honig, werden schon seit tausenden Jahren von der Menschheit geschätzt. Dies zeigt zum Beispiel eine Höhlenmalerei in Valencia, Spanien, welche ca. 12.000−7.000 v. Chr. angefertigt wurde und eine Person zeigt, die auf einen Baum geklettert ist und versucht, den Bienen, welche aufgeregt um sie herum schwirren, den Honig zu rauben. Natürlich hatte diese Honigjagd noch nicht viel mit der gezielten Haltung von Bienen, der Imkerei, zu tun.

Die systematische Haltung von Bienen begann Experten zufolge ca. 7000 Jahre v. Chr. Auf der ganzen Welt finden sich Belege für die Imkerei und die Nutzung von Bienenerzeugnissen. So war etwa im alten Ägypten, ca. 2400 Jahre v. Chr., Honig ein sehr wertvolles Produkt. Dies zeigen Reliefs in Tempeln und Gräbern, welche Imkertätigkeiten zeigen. Auch wurde Honig als Speise der Götter bezeichnet und für Opfer- und Grabbeigaben genutzt.

Auch bei den Griechen und Römern in der Antike wurde Honig als Götterspeise bezeichnet und die Gelehrten berichteten von den gesundheitsfördernden Eigenschaften. So zum Beispiel der berühmte griechische Arzt Hippokrates von Kos (ca. 460 bis 370 v. Chr.), der Honig gar als Allheilmittel für verschiedene Krankheiten bezeichnete.

Die Germanen stellten aus dem süßen Bienengold den alkoholhaltigen Honigwein, genannt Met, her, welcher bei Feiern und Ritualen zum Einsatz kam und auch Trank der Götter genannt wurde.

In Südamerika kannten und nutzten die Maya den Honig schon seit tausenden von Jahren als wertvolles

Süßungsmittel. Auch dort galt er als heilig und wurde hochgeschätzt.

Auch im Mittelalter war Honig ein wertvolles Gut, andere Süßungsmittel gab es noch nicht. So wurde er zum Süßen für Speisen, Gebäck, Lebkuchen und zur Herstellung von Met verwendet. Auch das Wachs der Bienen war begehrt – für die Herstellung von Kerzen oder auch zum Schutz vor Feuchtigkeit und Nässe bei Möbeln und Kleidung. In Deutschland gab es in dieser Zeit die sogenannten Zeidler. Diese hielten ihre Bienenvölker nicht in Bienenstöcken oder Körben, sondern in alten (Nadel-)Bäumen im Wald. Den Bäumen wurden in einigen Metern Höhe künstliche Höhlen eingeschlagen. Diese wurden mit einem Brett verschlossen, in welchem sich ein Einflugloch befand. Entweder zog ein Bienenschwarm dort ein oder es wurde ein Schwarm vom Zeidler eingesetzt.

Das Halten von Bienenvölkern in Körben hat in vielen Teilen der Erde eine längere Tradition, so zum Beispiel in der keltischen Kultur. Dort wurden die Körbe von den Bauern über den Winter selbst geflochten. Auch heute gibt es noch Imker, die diese Tradition fortführen und ihre Körbe in Handarbeit fertigen, diese Art der Bienenhaltung ist aber hierzulande nicht mehr so häufig anzutreffen.

Die moderne Art der Bienenhaltung findet vor allem in sogenannten Beuten statt. Dies sind Kästen, die meist aus Holz gefertigt werden (seltener auch Styropor). Es gibt viele verschiedene Arten von Beuten, die gängigste ist die Magazinbeute. Diese besteht aus rechteckigen, stapelbaren Holzkisten. In die Holzkisten, auch Zargen genannt, werden Rähmchen mit Mittelwaben aus Bienenwachs gehängt, auf welchen die Bienen dann ihre Waben bauen. Die Holzkisten gibt es in drei verschiedenen Höhen: niedrig, mittel und hoch. Die Magazinbeute besteht aus drei Teilen: dem Bodenbrett mit Einflugloch, die Zargen mit den Rähmchen, auf denen die Waben gebaut werden (für Brut und Honig) und einem Deckel zum Schutz gegen das Wetter.

Daneben gibt es noch einige andere Arten von Beuten, alle haben Vor- und Nachteile. Die Auswahl, mit welcher Beute der angehende (Hobby-) Imker arbeiten möchte, hängt stark von der jeweiligen persönlichen Situation und den örtlichen Gegebenheiten ab. Meist übernimmt ein Neuimker die Haltungsform, welche in seiner Gegend gebräuchlich ist und welche er in Imkerkursen und Schulungen kennengelernt hat.

FRANK SCHMIDT

Imkerei und Bienenleben im Jahresverlauf

Im Lauf eines Jahres verändert sich das Leben der Bienen im Bienenvolk, dementsprechend fallen auch für den Imker in jeder Jahreszeit andere Arbeiten an. Im Frühjahr und Sommer ist die arbeitsreichste Zeit, im Herbst und Winter kehrt Ruhe ein und es ist vergleichsweise wenig zu tun.

FRÜHJAHR

Das Bienenjahr beginnt im Frühling, bei etwa 12 °C werden die Bienen aktiv und fliegen das erste Mal nach dem Winter wieder aus zum sogenannten Reinigungsflug. Hierbei entleeren die Bienen ihre Kotblase, welche nach der langen Zeit im Stock sehr gefüllt ist. In dieser Zeit werden vom Imker die ersten vorsichtigen Kontrollen am Volk durchgeführt, dies sollte aber erst ab einer Temperatur von ca. 15 °C und wärmer durchgeführt werden, da die Bienen gerade jetzt, bei den noch relativ kühlen Temperaturen, viel Energie benötigen, um die Brut warmzuhalten. Bei der ersten Kontrolle geht es erst mal darum zu schauen, ob das Bienenvolk gut durch den Winter gekommen ist und noch genügend Futterreserven da sind (, wenn nicht, wird nach gefüttert). Auch wird geprüft, ob die Königin fit ist und Brut vorhanden ist. Des Weiteren kann beobachtet werden, ob die Bienen schon Pollen eintragen, dieses ist sehr wichtig für die Aufzucht der Larven. Eine gute Quelle für Pollen sind im zeitigen Frühjahr vor allem die Weidenbäume. Ein sehr schwaches Volk kann mit einem stärkeren vereinigt werden. Es empfiehlt sich, den Boden der Beute zu reinigen und tote

Bienen zu entfernen, auch das im Herbst angebrachte Mäuseschutzgitter wird nun entfernt.

Im April werden die Beuten nun um den Honigraum erweitert und eventuell Baurahmen für die Drohnenbrut eingehängt. Außerdem ist nun die Zeit für den Imker, mit seinen Völkern, wenn er dies tun möchte, in die Raps- oder Obstblüte zu wandern.

Im Mai beginnt die Schwarmzeit. Das Bienenvolk ist nun so stark wie sonst nie und zählt bis zu 60.000 Tiere. Da es im Stock immer enger wird und die Königin kaum noch freie Zellen zur Eiablage findet, wird sie zum Schwärmen angeregt. Wenn das Volk nicht schwärmen soll, muss der Imker die gegebenen Schritte unternehmen, das Volk durch imkerliche Schritte zu teilen.

Gegen Ende des Frühjahrs stehen die ersten Schleudertermine an, angefangen mit dem Rapshonig. Hierfür werden die Waben mit dem reifen Honig (Wasseranteil max. 20 %) dem Bienenstock entnommen. Nach der Ernte geht es in den hygienischen Schleuderraum, wo zuerst die Waben entdeckelt werden – die Bienen versehen die Zellen mit einer dünnen Wachsschicht, damit der Honig geschützt reifen kann – und werden danach in einer Honigschleuder ausgeschleudert. Das heißt, der Honig wird mithilfe der

Zentrifugalkraft vom Bienenwachs getrennt. Der geschleuderte Honig wird nun gesiebt, wobei die letzten Wachsreste entfernt werden. Nach der Ernte bildet sich Schaum auf dem Honig, dieser wird zuerst abgeschöpft, bevor der Honig in Gläser oder Honigeimer abgefüllt wird.

SOMMER

Im Sommer läuft das Bienenvolk weiterhin auf Hochtouren. Für den Imker stehen auch jetzt regelmäßige Kontrollen auf dem Plan, wobei er auf einige Dinge achten muss. Zum einen ist der Schwarmtrieb im Volk weiterhin vorhanden, dieser lässt erst Ende Juni langsam nach, sodass der Imker hier auch weiterhin die entsprechenden Maßnahmen treffen muss. Anderseits muss der Imker darauf achten, dass die Völker nicht zu wenig, aber auch nicht zu viel Platz haben. Bei zu wenig Platzangebot wird das Volk schnell zum Schwärmen angeregt, wenn zu viel Platz vorhanden ist, bekommen die Bienen Probleme mit der Temperaturregulierung im Stock. Auch wird der Imker regelmäßig den Befall der Bienen mit der Varroamilbe kontrollieren. Diese Milbenart ist ein Schädling für das Bienenvolk, welcher aus Asien eingeschleppt wurde. Wenn die erforderlichen Maßnahmen zur Bekämpfung durch den Imker nicht durchgeführt werden, breitet die Milbe sich weit aus, sodass das Bienenvolk mit großer Wahrscheinlichkeit nicht überlebt. Eine gute Möglichkeit während der warmen Jahreszeit ist, die Drohnenbrut regelmäßig herauszuschneiden, da diese am meisten von der Varroamilbe befallen wird. Das Ausschneiden der Drohnenbrut sorgt außerdem für mehr Arbeit im Volk, was wiederum den Schwarmtrieb unterdrückt.

Die Natur hat in den Monaten Mai und Juni den Tisch für die Bienen reichlich gedeckt. Es blühen viele Blumen und Bäume, doch auch der Honigtau spielt eine Rolle für das Sammeln der Wintervorräte. Der Honigtau wird von Blatt- und Schildläusen gebildet, hierbei zapfen die Läuse die Leitungsbahnen von Bäumen und Pflanzen an, um an den zuckerhaltigen Saft zu kommen. Dabei kommt es zu einem Überschuss an Zucker, welcher von den Läusen ausgeschieden wird. Der Honigtau wird dann von den Bienen aufgenommen und, wie der Blütennektar auch, in den Waben als Vorrat eingelagert.

Gegen Ende Juli hat das Bienenvolk beinahe den gesamten Wintervorrat gesammelt. Sollte der Imker im Sommer noch einmal Honig ernten, muss er darauf achten, dass die Bienen noch genügend Vorräte sammeln können und gegebenenfalls zufüttern.

Für das Überstehen des Winters ist der eigene Honig zwar tendenziell besser, jedoch hat sich die Möglichkeit der Zufütterung ebenfalls bewährt. Allerdings muss der Imker beim Zufüttern darauf achten, dass das Volk nicht einer Räuberei durch ein stärkeres Bienenvolk zum Opfer fällt. Hierfür kann er zum Beispiel das Flugloch verkleinern, sodass es leichter zu verteidigen ist.

HERBST

Im Herbst, wenn die Tage kürzer werden, ändert sich das Leben im Bienenvolk. Es werden zwar auch weiterhin Nektar und Pollen eingetragen, jedoch fährt das Volk seinen Betrieb langsam herunter. Das Nahrungsangebot ist nun nicht mehr so üppig wie im Mai oder Juni, dies sind Indikatoren für die Bienen, weniger Brut zu erzeugen. Der Trieb zum Schwärmen lässt nun vollends nach, da ein neues Bienenvolk nun nicht mehr genügend Zeit hätte, vor dem Winter stark genug zu werden. Auch wird nun der Brutbetrieb von Sommer- auf Winterbienen umgestellt, welche für das Überleben des Volkes in der kalten Jahreszeit verantwortlich sind.

Die Winterbiene unterscheidet sich dahin gehend von der Arbeiterin im Sommer, dass sie eine wesentlich höhere Lebenserwartung hat. Die Sommerbiene leistet so unglaublich viel Arbeit, welche so erschöpfend ist, dass sie bereits nach ca. 6 Wochen am Ende ihres Lebens angekommen ist. So fliegt eine einzelne Honigbiene zum Sammeln von Nektar, Pollen etc. bis zu 150 km in ihrem Leben. Die Winterbiene hingegen hat bei Weitem nicht solch ein anstrengendes Dasein. Sie muss um einiges älter werden, da im Winter eine Brutpause eingelegt wird und somit auch keine neuen Bienen nachkommen. Ihre Hauptaufgabe liegt darin, sich und die Bienenkönigin im Winter warmzuhalten. Die Winterbienen fressen sich schon als Larve einen reichlichen Eiweiß- und Fettvorrat an und kommen damit gut durch die kalte Jahreszeit.

Zur Wintervorbereitung im Bienenvolk gehört spätestens im August auch die Vertreibung der letzten Drohnen aus dem Stock, die sogenannte Drohnenschlacht. Die Drohnen bringen dem Volk nun keinen Nutzen mehr und müssen so nicht mehr durchgefüttert werden, sie werden nur von Mai bis Juli zur Begattung der Königinnen gebraucht.

Im Herbst muss der Imker genau darauf achten, dass im Bienenstock genug Nahrung vorhanden ist.

Hierbei kann es nützlich sein, den Bienenstock zu wiegen und dies festzuhalten.

Bis Ende September sollte das Bienenvolk über ausreichend Wintervorräte verfügen. Ein Volk verbraucht von September bis April bis zu 25 kg Honig, um das Volk warmzuhalten und auch für die Fütterung und Warmhaltung der Brut ab Februar. Sollten die Vorräte nicht ausreichen, ist die Gefahr groß, dass das Volk verhungert.

Beim Zufüttern muss darauf geachtet werden, nicht zu viel auf einmal anzubieten, da die Bienen sonst ihre ganzen Waben mit Vorräten belegen – es muss noch reichlich Platz für die Brut von Winterbienen vorhanden sein. Auch sollte vorsichtig gefüttert werden, ohne zu kleckern, denn dies fördert die Räuberei. Nach der letzten Honigernte ist nun auch die Zeit gekommen, das Bienenvolk gegen die Varroamilbe zu stärken. Wenn man dies versäumt, wird das Volk mit großer Sicherheit nicht überleben. Es gibt verschiedene Mittel und Wege, gegen die Milben zu behandeln. Die meisten Imker setzen hierbei auf natürliche Säuren, hierzu zählt zum Beispiel die Ameisensäure, aber auch Milch- und Oxalsäure sind wirksam. Die Säuren können als Kurz- oder Langzeitbehandlung eingesetzt werden, um das Volk von der hohen Milbenlast zu befreien.

Im Oktober wird es nun zusehends ruhiger im Bienenvolk. Die letzten Sommerarbeiterinnen sammeln die restlichen vorhandenen Pollen, versterben aber nach und nach. Die Winterbienen kommen nun ihrer Aufgabe nach, das Volk und die Königin warmzuhalten. Nun gibt es schon die ersten Frostnächte. Jetzt ist auch die Zeit für den Imker, die Beuten winterfest zu machen. Sie sollten auf jeden Fall gegen Herbststürme gesichert werden, zum Beispiel mit Spanngurten. Auch sollte spätestens jetzt ein Schutzgitter gegen Mäuse am Flugloch angebracht werden, damit die Bienen nicht von den Nagetieren gestört werden.

WINTER

Im November kehrt nun vollends Ruhe im Bienenvolk ein. Die Temperaturen sind meist nur noch einstellig, teils sogar schon im Minusbereich. Unter 12 °C fliegen die Bienen nicht mehr aus. Die letzten Sommerbienen sind gestorben, das Volk besteht nur noch aus der Königin und den Winterbienen. Auch, wenn es nun ruhiger im Stock zugeht, halten Bienen keinen Winterschlaf – sie senken ihre Körpertemperatur nicht ab, sondern halten sich in der Wintertraube gegenseitig warm. Die Energie aus dem Honig setzen die Arbeiterinnen in Bewegungen ihrer Brustmuskeln um und erzeugen damit Wärme. Die Positionen der Bienen in der Traube wechseln ständig, so kommt jede Biene regelmäßig in den Genuss der Wärme im Inneren. Im Innersten der Traube herrschen konstant 35 °C, dort befindet sich auch die Königin den Winter über. Umso kälter es wird, umso enger zieht sich die Traube zusammen.

Mit dem Einsetzen des ersten Frosts stellen die Bienen das Brüten für dieses Jahr ein. Erst im Januar fängt die Königin wieder mit der Eiablage an. Zuerst gibt es allerdings nur ein sehr kleines Brutnest, da das

Volk sehr viel Energie aufwenden muss, bei niedrigen Temperaturen alles warm genug zu halten.

Im Winter gibt es für den Imker nicht mehr so viel zu tun. Die Arbeiten am Stock beschränken sich auf gelegentliche Kontrollen, hierbei sollte die Beute an kalten Tagen nur in Ausnahmefällen geöffnet werden, da es die Bienen bei der Wärmeregulation zu sehr stören würde.

Eine Möglichkeit, sich über den Zustand der Bienen einen guten Eindruck zu verschaffen, ist das Einschieben einer Kontrollschublade in den Boden der Beute. Bei der Entnahme der Schublade kann man dann den Gemüll (dies sind die Reste des Bienenvolkes, die auf den Boden fallen) sehen. Dazu gehören Wachsreste, Zelldeckel, Körperteile von Bienen, tote Varroamilben, Bienenkot (kann auf eine Durchfallerkrankung hindeuten), aber auch Kot von Mäusen oder Insekten. Ein erfahrener Imker kann anhand des Gemülls recht gut den Zustand seiner Bienen einschätzen.

Ende November sollte auch noch mal der Befall mit der Varroamilbe geprüft werden. Ist dieser zu hoch, muss im Dezember noch mal eine Behandlung erfolgen.

Ansonsten bleiben dem Imker im Winter noch die Vorbereitungen für die neue Saison. Dazu zählen vor allem Reinigungs- und Instandhaltungsarbeiten an den Geräten und den Beuten mit deren Zubehör.

Auch das Einschmelzen der alten Waben gehört dazu – im Lauf des Jahres sammeln sich immer wieder zu dunkel gewordene Waben an, welche mit den Resten der Bienenbrut verunreinigt sind. Während die Bienen heranwachsen, häuten sie sich mehrmals. Hiervon bleiben Hautreste in den Zellen zurück, das Wachs wird immer dunkler. Wenn der Imker die Waben nun in einem Wachs-Schmelzer erhitzt, trennt sich das reine Wachs von den Verunreinigungen. Das so gewonnene, nun saubere Wachs kann wiederverwendet werden. Wenn daraus Wachsplatten hergestellt werden, kann man diese, in den Holzrahmen angebracht, den Bienen erneut zur Verfügung stellen.

Der Winter ist die Zeit für den Imker, das Jahr Revue passieren zu lassen. Idealerweise hält er kontinuierlich übers Jahr alle wichtigen Dinge schriftlich fest. So zum Beispiel die verschiedenen Maßnahmen, die er z. B. zur Bekämpfung von Bienenkrankheiten getroffen hat, und auch, wann und wo gute Nahrungsquellen für die Bienen vorhanden waren. So kann er für die kommende Saison planen und überlegen, was verbessert werden kann. Auch bietet sich die ruhigere Zeit für Fortbildungen an. Es gibt sehr viel interessante

Literatur zum Thema Imkerei, sodass hierüber neue Informationen und Anregungen eingeholt werden können.

Der Einstieg in die Imkerei

GRUNDSÄTZLICHE ÜBERLEGUNGEN UND ERSTE SCHRITTE

Die Imkerei ist ein sehr interessantes und bereicherndes Hobby. Immer mehr Menschen interessieren sich dafür und möchten gern selbst Bienen halten. Jedoch sollte man daran denken, dass man sich dabei für das Halten von Lebewesen entscheidet. Das bringt auch Verantwortung, Arbeit und Kosten mit sich. Wenn man das Ganze als Hobby mit nur wenigen Völkern betreibt, halten sich diese zwar in Grenzen, trotzdem sollte man sich vorher

Gedanken machen, ob man bereit ist, diese Verantwortung zu übernehmen.

Folgende Überlegungen sollte man für sich am Anfang anstellen:

– Vertrage ich Bienenstiche? Es gibt Menschen, die allergisch auf Bienenstiche reagieren. Normalerweise ist fast jeder in seinem Leben schon mal von einer Biene oder Wespe gestochen worden. Wenn dies schon öfter passiert ist und außer einer Rötung und Schmerzen an der Einstichstelle nichts weiter passiert ist, kann man davon ausgehen, dass man nicht allergisch auf das Bienengift reagiert. Sollte man noch nicht gestochen worden oder unsicher sein, kann man eine eventuelle Allergie beim Arzt abklären lassen. Als Imker muss man damit rechnen, immer mal wieder gestochen zu werden. Zwar sind Bienen normalerweise eher sanftmütig, bei Bedrohung oder wenn man sie z. B. aus Versehen quetscht, stechen sie doch auch mal zu. Zur Imkerausstattung gehören auch Schutzkleidung, Handschuhe und ein Imkerhut mit Schleier, doch auch dies bietet keinen 100-prozentigen Schutz.

– Habe ich genügend Zeit und die Bereitschaft, mich regelmäßig um die Bienen zu kümmern? Wie schon oben erwähnt, beschäftigt man sich bei der Imkerei mit Lebewesen. Hierbei sollte es selbstverständlich sein, dass man sich ausreichend um diese kümmert und immer deren Wohl und Gesundheit im Blick hat. Als Hobbyimker startet man meist mit 2–3 Völkern. Hierbei ist der zeitliche Aufwand noch nicht allzu groß. Jedoch fallen im Lauf des Jahres regelmäßig Kontrollen und Arbeiten an, welche man nicht einfach auslassen kann. Natürlich ist es immer möglich, das Hobby auch wieder aufzugeben, doch man kann die Bienen nicht einfach sich selbst überlassen. Auch sollte man als angehender Imker die Bereitschaft mitbringen, sich immer wieder weiterzubilden und zu informieren. Ein Bienenvolk ist kein Hobby, das man einfach zur Seite stellen und wieder hervorholen kann, wie man gerade Lust dazu hat.

– Verfüge ich über ausreichend finanzielle Mittel für die notwendigen Anfangsinvestitionen und für die laufenden Kosten? Als angehender (Hobby-) Imker benötigt man zuerst einmal eine Grundausstattung, dazu zählen z. B. die Werkzeuge des Imkers, die Behausung der Bienen und natürlich die ersten Bienenvölker. Doch es gibt auch laufende Kosten, wie z. B. eine Versicherung, Mittel zum Bekämpfen von Krankheiten oder auch Verbrauchsmaterial wie neue Wachsplatten, Futtermittel etc.

– **Habe ich genug Platz zum Aufstellen der Bienenvölker und ist dies erlaubt?** Bienenhaltung wird heute an vielen verschiedenen Orten betrieben. Auf dem Land, in Gärten, auf Balkonen, in der Stadt auf Dächern von Häusern. Es gibt viele Möglichkeiten, doch es muss ausreichend Platz vorhanden sein, damit die Bienen sich nicht gestört fühlen und ohne Probleme ausfliegen können. Auch sollte man sich vorher informieren, ob an dem geplanten Standort die Bienenhaltung erlaubt ist. Hierfür kann man sich bei der Stadt-/Gemeindeverwaltung oder einem Imkerverein in der Nähe erkundigen. Normalerweise ist das Halten von Bienen überall dort erlaubt, wo dies als ortsüblich gilt. Ortsüblich bedeutet, dass die Bienenhaltung üblicherweise an vergleichbaren Standorten betrieben wird, dies gilt z. B. für Dorf- und Stadtrandlagen mit großen Grundstücken oder auch in Kleingartenanlagen. Wenn man zur Miete wohnt, ist es unerlässlich, vorher den Vermieter um Erlaubnis zu fragen. Auch ist es ratsam, die direkten Nachbarn einzubeziehen und darauf zu achten, dass der vorgeschriebene Mindestabstand zur Grundstücksgrenze eingehalten wird sowie dass die Einflugschneise nicht direkt durch das Nachbargrundstück führt.

Wenn man sich eingehend mit den Voraussetzungen auseinandergesetzt und informiert hat, steht dem Hobby Imkerei nichts mehr im Wege. Als verantwortungsbewusster (Hobby-) Imker leistet man einen wichtigen Beitrag zum Schutz der Honigbiene, hat aber auch selbst einen großen Nutzen davon. Man hält sich viel in der Natur auf, erlebt den jahreszeitlichen Wandel noch mal ganz neu und wird für die Abläufe der Natur sensibilisiert. Ganz zu schweigen davon, dass man dieses ausgeklügelte Wunder der Natur hautnah miterleben kann – dies wird einen des Öfteren zum Beobachten, Staunen und Innehalten bringen, ganz zum Vorteil für die seelische und körperliche Gesundheit.

FRANK SCHMIDT

STANDORT – WO BRINGE ICH MEINEN BIENEN UNTER?

Im letzten Kapitel wurden schon einmal die wichtigsten Bedingungen für die Standortwahl angesprochen. Diese werden hier noch mal näher erläutert.

Grundsätzlich gilt es erst einmal zu überlegen, ob man die Imkerei erwerbstätig oder nebenher als Hobby ausführen möchte. Ein Berufsimker, der von der Bienenhaltung leben möchte, braucht natürlich wesentlich mehr Völker und dementsprechend Platz. Entweder verfügt man über ein ausreichend großes Grundstück, auf welchem die Haltung der Bienen erlaubt ist, oder man pachtet/mietet ein solches Grundstück evtl. außerhalb der Stadt oder Wohngegend. Wenn man sich nur wenige Völker als Hobby halten möchte, reicht ein kleineres Grundstück. Grundlegend kann man davon ausgehen, dass für 1–2 Völker mindestens 150–200 qm zur Verfügung stehen sollten. Beim Aufstellen der Beuten muss ein Mindestabstand (ab ca. 3 Meter, je nach örtlicher Regelung) zum Nachbargrundstück eingehalten werden. Auch ist es wichtig, dass die Abflugroute der Bienen über das Grundstück des Imkers verläuft und nicht über ein Nachbargrundstück. Eventuell ist es hilfreich, wenn das Grundstück von höheren Hecken umgeben ist, was die Bienen zu einem Höher-Fliegen zwingt.

In der warmen und heißen Jahreszeit ist es wichtig, eine Bienentränke aufzustellen, so müssen die Bienen sich ihr Wasser nicht in Nachbars Garten am Swimmingpool oder Gartenteich holen.

Es empfiehlt sich so oder so, die Nachbarn in das Vorhaben einzubeziehen. Zwar müssen in einem Gebiet, in welchem dies erlaubt ist, die Haltung von Bienen hingenommen und leichtere Beeinträchtigungen geduldet werden, jedoch kann es auch zu Beschwerden und Klagen kommen. Dies ist z. B. der Fall bei einer ernsthaften Bienengiftallergie. Hier kann der Betroffene, durchaus mit Erfolg, auf die Beseitigung des Bienenvolkes oder der -völker klagen.

Auch wichtig bei der Standortwahl ist das reichliche Vorhandensein von Nahrungsquellen für die Bienen. Zwar können die Bienen auch weitere Strecken bei der Nahrungssuche zurücklegen, es ist aber nicht ratsam, dass sie dies dauerhaft machen müssen. In Gärten, Parks und naturbelassenen Wiesen ist meist genug Nektar zu finden, auch blühende (Obst-) Bäume bieten eine gute Futterquelle für die Bienen. Auch Friedhöfe, mit der ständig wechselnden und blühenden Bepflanzung der Gräber, ziehen die Bienen an. Nicht so günstig sind allerdings Grundstücke, welche inmitten von in Monokultur angelegten Feldern aufgestellt werden. Wenn dort im Frühling der Raps verblüht ist und nur noch Getreidefelder weit und breit zu sehen sind, ist für die Bienen dort nicht mehr viel zu finden. Manche Bauern säen auf ihren brachliegenden Feldern Wildblumen aus oder legen am Rand der Felder Blühstreifen an, doch dies ist nicht überall so. Auch werden beim Ackerbau häufig Pestizide eingesetzt, welche den Bienen sehr zu schaffen machen.

Viele Berufsimker wandern auch mit ihren Bienenstöcken zu verschiedenen Trachtquellen, so etwa zur Apfelblüte, in die Heide, in den Raps, zur Kastanienblüte und noch vielen mehr. Hier ist zu beachten, dass immer ein Gesundheitszeugnis der Bienenvölker nötig ist, wenn diese an einen anderen Ort verbracht werden. Der Imker verschließt am Abend das Einflugloch des Volkes und transportiert es dann zu entsprechenden Orten, z. B. zum Rapsfeld.

In Kleingartenanlagen ist die Bienenhaltung normalerweise gern gesehen. Immerhin tragen die Bienen mit ihrer Bestäubungsleistung einen wichtigen Beitrag zum Anbau von Obst und Gemüse. Doch auch hier muss vorher beim Vorstand des Vereins eine Erlaubnis eingeholt werden.

Ein weiterer wichtiger Punkt ist die Meldung beim zuständigen Veterinäramt. Da es auch bei Bienen verschiedene hochansteckende Krankheiten gibt, ist es wichtig, direkt beim Aufstellen die Völker dort anzumelden. Beim Anmelden der Völker muss man die genaue Anzahl der Völker sowie den Standort bekannt geben. Hierfür gibt es Vorlagen im Internet oder man fordert diese beim zuständigen Veterinäramt an. Dort kann man sich auch zu diesem Thema erkundigen.

Zusammenfassend kann man nun sagen, dass folgende Punkte bei der Standortwahl beachtet werden müssen:

1. Größe des Grundstücks (mindestens 150–200 qm für zwei Völker)

2. Erlaubnis der zuständigen Gemeinde- oder Stadtverwaltung

3. Erlaubnis des Grundstückbesitzers, evtl. schriftlich festhalten

4. Einbeziehen der Nachbarn

5. Abstand zur Grundstücksgrenze (ab 3 Meter)

6. ausreichend Nahrungsangebot für die Bienen

7. Versorgung mit Wasser (Tränken)

8. Abflugroute der Bienen **nicht** in Richtung des Nachbargrundstücks anlegen

9. Meldung beim zuständigen Veterinäramt.

Diese Punkte zu beachten, ist wichtig für ein harmonisches Miteinander und eine ungetrübte Ausübung dieses schönen Hobbys. Es ist immer hilfreich, mit den Nachbarn ins Gespräch zu kommen und die Vorzüge der Bienenhaltung, z. B. die Bestäubung der Obstbäume und anderer Pflanzen, aufzuzeigen. Auch über ein Glas Honig von den Bienen nebenan freut sich der Nachbar bestimmt sehr.

GRUNDAUSSTATTUNG DES IMKERS

Als angehender Imker benötigt man auch das passende Handwerkszeug wie zum Beispiel einen Stockmeißel oder einen Smoker. Im Folgenden sehen wir uns die verschiedenen **Werkzeuge** an.

– **Der Stockmeißel**: Der Stockmeißel ist das Universalgerät eines Imkers. Er wird dazu genutzt, die Zargen voneinander zu trennen und die einzelnen Waben aus dem Stock zu entnehmen. Der Stockmeißel ist an einem Ende um 90° gebogen und beidseitig scharf geschliffen. Die Klingen benötigt der Imker zum Abschaben von Kittharz und Wachsverbauungen. Es gibt verschiedene Ausführungen, so zum Beispiel auch Meißel mit nur einer Klinge und Holzgriff oder mit sogenanntem Wabenheber.

– **Der Smoker**: Der Smoker ist ebenfalls ein sehr wichtiges Gerät für den Imker. Er dient der Raucherzeugung und wird genutzt, um in Ruhe am offenen Volk arbeiten zu können. Sobald der Rauch von den Bienen wahrgenommen wird, denken diese, dass es brennt, und bereiten sich auf eine eventuelle Evakuierung des Bienenstocks vor. Hierfür benötigen sie Energie und saugen sich mit Honig voll. Dies führt dazu, dass die Bienen abgelenkt und nicht so angriffslustig sind und der Imker in Ruhe arbeiten kann. Es gibt Smoker in verschiedenen Ausführungen, so zum Beispiel elektrisch (hier kommt der Rauch per „Knopfdruck"), manuell (hierbei muss ein Blasebalg betätigt werden) oder als Rauchbläser (hier wird durch ein Mundstück Luft eingeblasen). Meist bestehen die Smoker aus Edelstahl, damit sie nicht so rostanfällig sind. Als Brennmaterial dienen unterschiedliche Materialien wie Hanfstroh, Sägespäne oder auch fein gehobelte Holzsorten vermischt mit verschiedenen getrockneten Kräutern. Diese Brennmaterialien werden in einem Einsatz im Smoker angezündet und bilden beim Verglimmen den „beruhigenden" Rauch.

– Der Bienenbesen: Der Bienenbesen, auch Abkehr-besen genannt, wird, wie der Name schon verrät, zum Abkehren der Bienen benutzt. Wenn der Imker zum Beispiel die Honigwaben aus dem Stock entnehmen möchte, kehrt er mit dem Besen die Bienen herunter. Dabei geht er sehr behutsam vor, um die Bienen nicht zu verletzen. Der Bienenbesen wird aus verschiedenen Materialien hergestellt. Der Griff ist meist aus Holz ge-fertigt und hat entweder Naturborsten aus Rosshaar oder künstliche aus Perlon. Es ist sehr wichtig, dass die Borsten nicht zu hart sind, um die Bienen möglichst sanft abkehren zu können.

Diese drei Werkzeuge sind für den angehenden Imker erst einmal die wichtigsten. Neben diesen ist eine Schutzkleidung ratsam. Dies ist Geschmackssa-che, der eine geht völlig ohne Schutz an seine Bienen-völker, andere packen sich komplett „Bienen-sicher" ein. Folgende **Imkerbekleidungen** sind im Handel er-hältlich:

– Der Schleier: Der Imkerschleier ist für die meisten DAS Erkennungszeichen eines Imkers. Es handelt sich um einen Hut, an welchem rundherum ein Schleier an-gebracht ist. Am unteren Ende kann man ihn mit ei-nem Band zusammenziehen damit dort keine Bienen eindringen können oder er ist direkt mit dem

Imkeranzug mittels Reißverschluss verbunden. Es gibt ihn in verschiedenen Hutformen oder auch mit Loch für die Imkerpfeife.

– **Die Handschuhe**: Auch diese gibt es in verschiedenen Ausführungen. Es gibt Handschuhe mit kürzeren oder langen Stulpen, aus dickerem oder leichterem Stoff, Leder oder auch Latex. Es gibt Handschuhe in verschiedenen Größen, manche sind extra robust und „stichfest". Meist haben sie am Ende einen Gummizug, sodass der Handschuh fest anliegt und keine Bienen hineinklettern können. Die Handschuhe sind nicht nur zum Schutz vor Stichen gedacht, sondern auch zum Schutz der Hände vor dem klebrigen Honig, Wachs und Kittharz.

– **Die Imkerbekleidung**: Als Imkerbekleidung werden im Handel Imkerblusen, -jacken oder ganze Kombinationen angeboten. An vielen kann der Schleier mittels Reißverschluss angebracht werden. Alle bestehen aus hellen Stoffen, meist weiß oder beige, da diese nicht so stark von Bienen angeflogen werden. Die verwendeten Stoffe sind robust und dicht gewebt, damit die Bienen diese nicht so leicht durchstechen können.

Neben der Schutzkleidung und den Werkzeugen braucht man als Grundausstattung natürlich auch die

Behausung für die Bienen mit dem entsprechenden Zubehör. Es gibt viele verschiedene Arten, Bienen zu halten. In der Natur leben die Bienen in (Baum-) Höhlen, welche sie mit ihren Waben ausbauen. Als „künstliche" Bienenbehausung setzt der Imker meist auf Holzkästen, den sogenannten Beuten, in verschiedenen Ausführungen. In die Beuten werden die Rähmchen, welche mit Wachsplatten bestückt sind, eingehängt. Auf diesen Wachsplatten legen die Bienen dann ihre Zellen an. Der Vorteil dabei ist, dass die Rähmchen mit den Waben leicht wieder herausgenommen werden können. Es werden aber auch Bienenkörbe benutzt oder richtige Bienenhäuser, in welchen Hinterbehandlungsbeuten untergebracht sind (hierbei kann der Imker von hinten am Bienenvolk arbeiten und nicht wie bei normalen Beuten von oben). Im Folgenden werden einige **Behausungen** aufgeführt und erklärt.

• **Die Magazinbeute:** Diese Beute wird von den meisten (Erwerbs-) Imkern genutzt und ist sehr flexibel einsetzbar. Sie besteht aus mehreren Zargen, welche aufeinandergestapelt werden können. So ist man in der Lage, den Raum für die Bienen flexibel zu vergrößern oder auch zu verkleinern. Der Brutraum kann vom Honigraum durch Absperrgitter getrennt werden. Der Boden, die Zargen und der Deckel zusammen ergeben das Magazin. Es gibt verschiedene Größen und Rähmchenmaße, so zum Beispiel Deutsch-Normal, Langstroth und Zander.

Vorteile der Magazinbeute:

- Sie ist flexibel erweiterbar, so kann die Beute nicht zu klein für das Volk werden.

- Die Magazinbeute ist aufgrund der hohen Nachfrage mitunter am günstigsten.

- Es können mehrere Ableger in einer Beute untergebracht werden, diese werden durch sogenannte Trennschiede voneinander abgeteilt. So benötigt man für Jungvölker kein eigenes Maß.

- Der Honigertrag ist relativ hoch im Gegensatz zu anderen Beuten.

- Die Beuten lassen sich leicht transportieren (z. B. bei Wanderungen).

Nachteile der Magazinbeute:

- Der größte Nachteil der Magazinbeute ist, dass der Honig- aber auch der Brutraum sehr schwer werden können. Diese sind dann von Menschen mit Rückenproblemen oder mangelnder Kraft nur noch mit Hilfsmitteln bewegbar.

- Um an den Brutraum zu kommen, muss der Honigraum abgehoben werden.
- Magazinbeuten können leicht gestohlen werden.

• **Lager- und Trogbeuten**: Hierzu zählen zum Beispiel die Bremerbeute und die Golzbeute. Bei dieser Art Beuten liegen der Honig- und der Brutraum auf einer Ebene. So entfällt das Abheben der Honigzarge, um an den Brutraum zu gelangen. Der Honigraum liegt entweder hinter oder neben dem Brutraum. Erweitern oder Einengen lassen sich die Bienen mittels Trennschieden.

Vorteile der Lager- und Trogbeuten:
- Schnelle Übersicht über das gesamte Volk.
- Kein Abheben von schweren Zargen.
- Für Diebe sind die Beuten zu schwer, um sie einfach so wegzunehmen.

Nachteile der Lager- und Trogbeuten:
- Die Beute kann nicht erweitert werden, wenn das Volk sehr stark wird.
- Zum Wandern sind Lager- und Trogbeuten zu schwer.

- Lager- und Trogbeuten sind teurer als z. B. Magazinbeuten.
- Sie benötigen eine größere Standfläche, somit braucht man mehr Platz.

• **Hinterbehandlungsbeuten**: Bei der Hinterbehandlungsbeute kommt der Imker, wie der Name schon sagt, von hinten an sein Volk. Diese werden zum Beispiel in Bienenwägen oder Bienenhäusern eingesetzt.

Vorteile der Hinterbehandlungsbeute:
- Es müssen keine schweren Zargen gehoben werden.
- Man kann bequem mit dem Bienenwagen wandern.

Nachteile der Hinterbehandlungsbeute:
- Das Angebot ist klein und teuer.
- Die Beuten sind schnell zu klein für die heutigen Volksstärken, so muss oft Honig oder Brut entnommen werden.
- Der Pflegeaufwand ist größer als bei den anderen Beuten.
- Nur im Innenraum anwendbar (Bienenhaus- oder Wagen)

Die drei zuvor beschriebenen Beuten sind die am meisten angewendeten. Es gibt noch andere Arten von Bienenbehausungen, so z. B. Bienenkörbe, Bienenkisten oder den Top Bar Hive. Diese werden nicht so häufig eingesetzt und teilweise sind die Möglichkeiten für Untersuchungen am Volk stark eingeschränkt.

Für welche der Behausungen man sich letztendlich entscheidet, ist vor allem davon abhängig, was man genau mit den Bienen machen möchte. Will man zum Beispiel viel wandern oder ist eine rückenschonende Arbeitsweise wichtig? Möchte man möglichst viel Honig ernten oder ist einem das nicht so wichtig? Oft übernehmen Jungimker auch die Beutenform, welche sie in einem Imkerkurs oder beim Begleiten eines erfahrenen Imkers kennengelernt haben. Wenn man an einer bestimmten Form der Bienenhaltung interessiert ist, lohnt es sich, nach Extra-Kursen hierfür Ausschau zu halten.

Abschließend kann man sagen, dass folgende Dinge für die Bienenbehausung zum Einstieg benötigt werden:

• Je Volk eine Beute nach Wahl, z. B. eine Magazinbeute mit Boden, Zargen (für jedes Volk werden meist 3 Zargen benötigt) und Deckel

- Zur Beute passende Rähmchen mit Draht bespannt (hierauf werden dann Wachsplatten angebracht)
- Wachsplatten
- Absperrgitter
- Mäusegitter
- Fluglochschieber oder Schaumstoff zum Verkleinern des Fluglochs.

Im Jahresverlauf benötigt man dann Materialien wie weitere Wachsplatten, Varroa-Behandlungsmittel, wie z. B. Ameisensäure und Schutzausrüstung für die Arbeit hiermit (Augen-, Mund- und Nasenschutz, Handschuhe) oder auch Futter für die Bienen (Futtersirup oder Futterteig). Für die Grundausrüstung inklusive eines Imkerkurses kann man mit einer Investition ab 1.000 € rechnen. Die gesamte Ausstattung bekommt man in Imkereifachgeschäften oder auch im Onlinehandel.

Wenn man dann auch Honig ernten möchte, sind noch weitere **Gerätschaften** notwendig. Hierzu zählen zum Beispiel:

- **Refraktometer**: Mit diesem Gerät wird der Wassergehalt im Honig gemessen, um festzustellen, ob dieser schon reif ist.

- **Bienenflucht**: Diese wird am Abend vor der Honigernte angebracht und wie bei einer Schleuse können die Bienen nur noch aus dem Honigraum in den Brutraum gelangen, aber nicht mehr zurück. So sind am Tag der Honigernte nur noch wenige Bienen im Honigraum anzutreffen.

- **Zarge oder Box**: Damit die Bienen-freien Honigwaben vor einem erneuten Zugriff der Bienen geschützt sind, wird eine weitere Bienen-dichte Zarge oder Box benötigt.

- **Entdeckelungsgeschirr**: Mit dieser Vorrichtung können die Waben optimal aufgestellt werden, um danach die verschlossenen Zellen mit dem Honig öffnen zu können.

- **Entdeckelungsgabel**: Mit dieser Gabel werden die Deckel von den Honigzellen entfernt. Sie eignet sich vor allem, wenn man nur wenige Völker besitzt.

- **Entdeckelungsmesser**: Auch mit diesem Gerät werden die verschlossenen Honigzellen geöffnet, allerdings schneller als mit der Gabel. Wenn man mehr Völker besitzt und dementsprechend mehr Honig erntet, ist dies die richtige Wahl.

- **Heißluftfön**: Dieser ist ebenfalls zum Öffnen der Zelldeckel geeignet, allerdings ist die Handhabung etwas schwieriger, da man nicht zu lange an einer Stelle verweilen darf.

• **Wabenständer**: Hier können entdeckelte Honigwaben „zwischengeparkt" werden, bevor sie in die Honigschleuder kommen (z. B., wenn diese schon voll ist).

• **Honigschleuder**: Es gibt verschiedene Arten von Schleudern, zum Beispiel hand- oder motorbetriebene Schleudern. Unterschieden wird in Radial- oder Tangentialschleudern. Bei der Radialschleuder sind die Rähmchen nach innen gerichtet, bei Tangentialschleudern werden die Rähmchen mit der Wabenseite an die Wand der Schleuder gestellt. Nachteil bei der Tangentialschleuder ist, dass immer nur eine Seite der Wabe ausgeschleudert wird und diese dann gedreht werden muss. Allerdings gibt es auch bei der motorisierten Tangentialschleuder die Möglichkeit, eine zu kaufen, welche die Waben selbstständig dreht. Wenn man gerade erst mit dem Imkern beginnt, reicht eine handbetriebene Schleuder mit weniger Fassungsvermögen vollkommen aus.

• **Siebe**: Um den Honig von den restlichen Wachsteilchen zu befreien, benötigt man sogenannte Doppelsiebe.

- **Hobbocks**: Das sind Honigeimer zur Lagerung des Honigs. Sie bestehen aus lebensmittelechtem Kunststoff.

- **Honigspachtel**: Dieser wird benötigt, um z. B. Honigreste aus dem Schleuderboden zu bekommen, oder den Schaum, der sich nach dem Schleudern auf dem Honig bildet, abzuschöpfen.

- **Rührgerät**: Einen cremigen und streichzarten Honig erhält man durch Rühren. Hierfür gibt es verschiedene Modelle.

- **Wärmeschrank oder Heizspirale**: Honig wird mit der Zeit immer fester. Möchte man ihn wieder verflüssigen (z. B. zum Abfüllen), benötigt man einen Wärmeschrank oder eine Heizspirale. Auf keinen Fall darf der Honig über 40° C erhitzt werden, da sonst wichtige Inhaltsstoffe verloren gehen.

- **Abfülleimer oder Abfüllmaschine**: Wenn der Honig in Gläser abgefüllt werden soll, kann man hierfür einen Abfülleimer oder eine Maschine verwenden. Ein Abfülleimer ist ein Honigeimer mit einem Hahn an der Unterseite, welcher zum Abfüllen einfach geöffnet und wieder verschlossen werden kann. Eine Abfüllmaschine ist recht teuer und daher nur geeignet, wenn man viel Honig abfüllen möchten.

• **Gläser**: Hierfür können Gläser in allen möglichen Größen und Formen verwendet werden. Sie müssen nur für Lebensmittel geeignet und hygienisch sauber sein. Im Glas des Deutschen Imkerbundes darf nur abgefüllt werden, wenn ein Zertifikat in einer Honigschulung erworben wurde. Nach dem Abfüllen wird das Glas mit einem Etikett versehen, welches rechtlich, von der EU-Lebensmittelverordnung vorgeschrieben, einige Angaben enthalten muss, auch wenn man den Honig nicht verkaufen, sondern nur verschenken möchte. So z. B. eine Mengenangabe, die Sortenbezeichnung, die Adresse des Imkers und auch ein MHD, das heißt ein Haltbarkeitsdatum, bis zu welchem der Imker den einwandfreien Zustand des Honigs gewährleistet, sowie eine Chargennummer zur Rückverfolgung. Im Handel gibt es schon fertige Etiketten zu erwerben, welche dann nur noch mit den eigenen Angaben ergänzt werden müssen.

• **Einen hygienisch einwandfreien Raum**: Zur Herstellung oder auch Abfüllung von Lebensmitteln wird ein Raum benötigt, der den hygienischen Richtlinien genügt. Ein Berufsimker hat normalerweise einen separaten Schleuderraum, welcher gekachelt und leicht zu reinigen ist. Aber dieser ist nicht zwingend vorgeschrieben. Der Hobbyimker kann auch in der heimischen Küche schleudern und abfüllen. Hierfür bedarf es nur ein paar Vorbereitungen. Zuerst müssen alle Oberflächen, mit denen der Honig in Berührung kommt, gründlich gereinigt werden. Es müssen fließendes, sauberes Wasser und Seife sowie Einmalhandtücher vorhanden sein. Oberflächen können auch mit Einwegplanen abgedeckt werden. Aus dem Raum sollten alle Lebensmittel verbannt werden, welche stark riechen, wie z. B. Kaffee, Essensreste, Mülleimer oder auch Tierfutter. Auch Zimmerpflanzen und Haustiere sind während der Honigverarbeitung tabu. Die Person, welche den Honig verarbeitet, muss sauber und frei von ansteckenden Krankheiten sein, Straßenkleidung und -schuhe ablegen, eine Kopfbedeckung tragen (gegen herabfallende Haare) sowie keinen Kaugummi kauen und selbstverständlich auch nicht rauchen. Fenster und Türen sollten bei der Honigverarbeitung geschlossen bleiben, um einer Räuberei durch Bienen oder Wespen vorzubeugen. Wenn das Fenster zur Lüftung geöffnet bleiben soll, muss ein Insektenschutzgitter oder -netz angebracht werden.

Viele der vorher genannten Geräte, wie Honigschleuder oder Abfüllmaschine, können schnell sehr teuer werden. Für Hobbyimker besteht oft die Möglichkeit, gerade zu Beginn, sich verschiedene Geräte oder gar einen komplett ausgestatteten Schleuderraum bei einem Imker oder Imkerverein in der Nähe zu mieten.

ERSTE ERFAHRUNGEN

Wenn man sich eine Weile mit dem Thema Imkerei beschäftigt und sich ausgiebig informiert hat, möchte man gern schnellstmöglich selbst mit dem Imkern anfangen. Doch so zahlreich die Informationen im Internet und in Ratgebern auch sind, dieses theoretische Wissen ersetzt nicht die Praxis. Bevor man sich an ein eigenes Bienenvolk heranwagt, empfiehlt es sich sehr, zuerst praktische Erfahrungen zu sammeln. Hierfür gibt es verschiedene Möglichkeiten.

Man kann sich zum Beispiel beim deutschen Imkerbund oder einem Imkerverein informieren, ob und wann Einsteigerkurse angeboten werden. Bieneninstitute bieten Ausbildungen und Kurse im Blockunterricht an. Viele Imkervereine bieten auch die Betreuung durch Imkerpaten an, welche den Jungimker einige Zeit begleiten und mit Rat und Tat zur Seite stehen. Vielleicht ist aber auch ein Berufsimker in der Nähe ansässig, dieser bietet vielleicht auch Seminare oder

Schnupperkurse an, damit man sich ein Bild über die Aufgaben eines Imkers machen kann.

Später gibt es dann weiterführende Kurse, wie z. B. einen Honigkurs oder Kurse zur Erkennung und Behandlung von Bienenkrankheiten.

Neben dem Einstieg als Hobbyimker gibt es auch die Möglichkeit, eine richtige Ausbildung zum Imker zu machen. Die Ausbildung nennt sich Tierwirt mit Fachrichtung Imkerei. Sie dauert drei Jahre und wird von größeren Imkereien und Bieneninstituten, meist begleitet von Blockunterricht, angeboten. Diesen Weg wählen meist angehende Imker, welche dies hauptberuflich ausüben möchten.

Es lohnt sich auf jeden Fall, Beziehungen zu anderen, erfahrenen Imkern aufzubauen oder einem Imkerverein beizutreten. So hat man im Fall aufkommender Fragen, Unsicherheiten oder Probleme immer jemanden, an den man sich wenden kann und der einem mit Rat und Tat zur Seite steht. Außerdem macht es natürlich auch Spaß und Freude, sich unter Kollegen auszutauschen.

DAS ERSTE BIENENVOLK – WOHER BEKOMME ICH MEINE BIENEN?

Wenn alle Vorbereitungen getroffen sind, die Grundausrüstung besorgt und aufgebaut ist, fehlt natürlich noch das Wichtigste: die ersten eigenen Bienen! Doch woher bekommt man diese?

Es gibt mehrere Möglichkeiten, an ein Bienenvolk zu kommen. Zuerst muss man sich aber überlegen, ob man erst mit einem kleineren Ableger oder gleich einem ganzen Wirtschaftsvolk beginnen möchte.

→ **Ableger – der Anfang eines neuen Bienenvolkes:** Die Monate Mai und Juni sind die Zeit, in welcher Imker große Völker teilen und Ableger bilden. Diese bestehen aus einer Königin und einigen tausend Arbeiterinnen. Das Volk ist noch klein und neigt nicht zum Schwärmen. Es muss erst zu seiner vollen Stärke gelangen und kann in den kommenden Monaten in Ruhe groß gezogen werden, damit es stark genug für die Überwinterung ist. Im kommenden Jahr wird es dann zum Wirtschaftsvolk, dann kann auch Honig geerntet werden. Ein Ableger bietet sich gut für Jungimker an, da er so das erste Jahr noch etwas langsamer angehen kann, der Schwarmtrieb und die Honigernte sind noch kein Thema.

→ **Das Wirtschaftsvolk – ein Bienenvolk in voller Größe**: Ab April werden Bienenvölker zum Kauf angeboten. Es handelt sich um ein Wirtschaftsvolk, welches sich in den kommenden Wochen rasant entwickelt. Für Anfänger ist dies eventuell nicht so gut geeignet, da man direkt mit allen Imkertätigkeiten konfrontiert wird und die noch nötige Erfahrung fehlt. So muss man sich z. B. recht schnell mit den Maßnahmen zur Schwarmverhinderung auseinandersetzen, auch die Honigernte ist schon im ersten Jahr möglich.

Manchmal werden auch Völker aus einem Nachlass angeboten, z. B., wenn jemand die Bienenhaltung aufgeben möchte. Auch dies ist eher nicht für einen Anfänger geeignet, es sei denn, es besteht eventuell vorher die Möglichkeit, mit dem Imker noch eine Zeit lang zusammenzuarbeiten, um mit den Völkern und den verwendeten Beuten und Materialien vertraut zu werden. Wenn es sich dabei ebenfalls um einen Hobbyimker handelt, könnte man einen erfahrenen Imker mit ins Boot holen, welcher sich einen Überblick über den Zustand und die Gesundheit der Völker verschafft und beratend tätig werden kann.

Wenn man sich entschieden hat, ob man mit einem Ableger oder lieber doch gleich einem Wirtschaftsvolk beginnen möchte, kommt natürlich die Frage auf, woher man die Bienen bekommt. Hierzu wendet man sich am besten an einen Imkerverein, ein Bieneninstitut oder einen Imker in der Nähe. Auch online werden Ableger angeboten, welche dann versendet werden. Das Wichtigste beim Erwerb eines Schwarms oder Volkes ist, dass dafür ein Gesundheitszeugnis vorhanden ist. Das Gesundheitszeugnis wird vom zuständigen Veterinäramt ausgestellt und bescheinigt, dass die Bienen frei von Seuchenkrankheiten, wie z. B. der amerikanischen Faulbrut, sind.

Da es, wie am Anfang schon beschrieben, mehrere Bienenrassen gibt, nämlich Apis mellifera carnica, Apis mellifera buckfast und Apis mellifera mellifera, auch Carnica, Buckfast und Dunkle Biene genannt, stellt sich dem angehenden Imker die Frage, welche dieser Rassen er wählen soll. Hierzu wendet man sich am besten auch an den örtlichen Imker oder Imkerverein und schaut, welche Bienenrasse in der Gegend gehalten wird.

BIENENPRODUKTE – DER SÜßE LOHN

Die Biene ist ein sehr wichtiges Nutztier für den Menschen. Die Produkte der Bienen werden schon sehr lange vom Menschen genutzt und hochgeschätzt, hierzu zählen folgende Dinge:

• **Der Honig**: Beim Sammeln des Blütennektars oder dem Honigtau fliegt die Sammelbiene bis zu 200 Blüten an, um ihren Honigmagen zu füllen. Wenn dieser voll ist, fliegt sie wieder zurück zum Bienenstock und übergibt den Nektar oder Tau einer Stockbiene. Diese gibt ihn wiederum weiter, bis er in einer Zelle zwischengelagert wird. Bei jeder Übergabe werden von den Bienen bestimmte Enzyme, Aminosäuren und Eiweiße beigemischt, die dafür sorgen, dass der Honig haltbarer wird und die im Nektar vorhandenen Zucker umgewandelt werden. Im Lauf der Umwandlung vom unfertigem zu fertigem Honig wird dieser mehrfach in den Zellen umgelagert, wobei bei jeder Aufnahme und Abgabe des noch unfertigen Honigs durch die Biene Wasser entzogen wird. Die Zellen mit dem unfertigen Honig werden nicht komplett gefüllt, sodass das Wasser besser verdunsten kann. Die Verdunstung wird außerdem durch Fächeln mit den Flügeln beschleunigt. Wenn ein

Wassergehalt von 20 % oder darunter erreicht ist, wird der Honig endgültig eingelagert und die vollen Zellen mit einer dünnen Wachsschicht verschlossen.

Es gibt viele verschiedene Sorten Honig, je nachdem, welche Blüten hauptsächlich von den Bienen angeflogen wurden. So gibt es z. B. Blütenhonig, Akazienhonig, Rapshonig, Waldhonig und viele mehr.

Honig wird vielfältig genutzt, früher galt er sogar einmal als kostbares Heilmittel. Heute ist er als Brotaufstrich oder zum Süßen von Tee, Süßspeisen und anderen Lebensmitteln äußerst beliebt. Doch er wird auch weiterverarbeitet, z. B. zu Met (Honigwein) oder als Zusatz in Kosmetika wie Cremes und Seifen.

• **Das Bienenwachs**: Das von den Bienen zum Bauen ihrer Waben benötigte Wachs wird von den ihnen in den sogenannten Wachsdrüsen am Hinterleib produziert. Dabei wird das Wachs „ausgeschwitzt" und ein kleines, weißes Wachsplättchen gebildet. Diese wird dann zu den Vorderbeinen transportiert, mit den Mundwerkzeugen bearbeitet, wobei Speichel beigemengt wird, und dann in die Wabe gedrückt. Diese Arbeit wird größtenteils von jungen Arbeiterinnen zwischen dem 12. und 20. Lebenstag ausgeführt, da in dieser Zeit die Aktivität der Drüsenzellen am stärksten ist. Die typische gelbe Farbe erhält das Wachs nach und nach durch die Einbringung von Propolis und der Einlagerung von Pollen. Die Biene benötigt für die Wachsherstellung sehr viel Energie, so werden für die Herstellung von 1 kg Wachs etwa 6 kg Honig benötigt.

Wachs wird schon seit jeher von den Menschen genutzt, vor allem aufgrund seiner wasserabweisenden und konservierenden Eigenschaften. Im Mittelalter war es äußerst wichtig für die Herstellung von Kerzen, heute werden diese größtenteils aus anderen Rohstoffen hergestellt. Heutzutage wird das Bienenwachs in der Industrie als Trennmittel oder Überzugmittel verwendet, z. B. bei Gummibärchen oder Äpfeln. Doch es wird auch, ebenso wie der Honig, dank seiner hautpflegenden und gut verträglichen Eigenschaften in Kosmetika, wie Cremes oder Salben, eingesetzt. Auch kommt das Wachs in Pflegemitteln für Holzmöbel oder in Polituren zum Einsatz. Leder wird dank der Behandlung mit Bienenwachs gegen Nässe geschützt und bleibt schön geschmeidig. Immer beliebter werden auch die sogenannten Bienenwachstücher, Baumwolltücher, welche mit Wachs getränkt werden, diese werden dann zum Einpacken von Lebensmitteln genutzt als Alternative zu Klarsichtfolie.

• **Propolis**: Propolis, oder auch Kittharz genannt, ist eine harzartige, von den Bienen hergestellte Masse mit antimykotischer, antiviraler und antibiotischer Wirkung. Es wird von den Bienen genutzt, um ihren Bienenstock vor Krankheitserregern zu schützen. Eingeschleppte oder im Bienenstock vorkommende Bakterien, Pilze oder andere Mikroorganismen werden in ihrer Vermehrung und Ausbreitung gehemmt. Hierfür dichten die Bienen alle Ritzen und kleine Öffnungen mit dem Harz ab, außerdem überziehen sie die Wachszellen mit einem hauchfeinen Propolisfilm.

Zur Herstellung von Propolis sammeln die Bienen Harze von Baumknospen oder auch Baumwunden. Bei der Weiterverarbeitung mischen die Bienen das Harz mit Pollen, Wachs, ätherischen Ölen und Speichel. Pro Jahr kann ein Bienenvolk bis zu 500 g Propolis eintragen. Propolis wird dank seiner oben aufgeführten Eigenschaften als Heilmittel vor allem in der Naturheilkunde eingesetzt. Dabei kommt es sowohl innerlich als auch äußerlich zur Anwendung, zum Beispiel bei Entzündungen oder Erkältungskrankheiten.

• **Pollen**: Beim Sammeln von Nektar verfangen sich im Haarkleid der Biene immer auch Blütenpollen, diese werden von der Biene ausgekämmt und in den Pollenkörbchen am Hinterbein gesammelt, oder die Biene sammelt gezielt Pollen, indem sie die Staubgefäße der Blüte direkt anfliegt und mit ihren Mundwerkzeugen den Pollen auslöst. Der Pollen wird mit dem Inhalt der Honigblase angereichert, sodass ein klebriger Teig entsteht und durch die darin enthaltenen Enzyme haltbar gemacht wird. Der sehr eiweißhaltige Pollen wird im Stock eingelagert und vor allem für die Fütterung der Larven dringend benötigt.

Doch auch für den Menschen enthält Bienenpollen zahlreiche gesunde Nährstoffe, darunter viele Vitamine, Mineralien, Eiweiß und Enzyme. Er wird zum Beispiel zur Stärkung eingenommen und wird in Drogerien und Apotheken als Nahrungsergänzung oder auch im Internet angeboten.

• **Gelee Royale**: Dies ist ein ganz besonderer Futtersaft der Bienen, auch Weiselfuttersaft oder Königinnenfuttersaft genannt. Mit diesem Futtersaft ziehen die Bienen ihre Königinnen heran. Zuerst erhalten ihn zwar alle Larven, die der Arbeiterbiene jedoch nur bis zu einem bestimmten Entwicklungsstadium, danach erhält diese Pollen und Honig. Die Königinnenlarve hingegen bekommt während ihrer ganzen Entwicklung, bis hin zur fertigen Königin, den speziellen Futtersaft.

So wie der Bienenpollen auch wird Gelee Royale in verschiedenen Nahrungsergänzungsmitteln, vor allem im Internet, angeboten. Es enthält vor allem

Kohlenhydrate, Eiweiß, B-Vitamine und Spurenelemente. Allerdings wird auch davor gewarnt, dass die Einnahme von Gelee Royale, vor allem bei Allergikern, auch zu heftigeren allergischen Reaktionen führen kann.

Von den aufgeführten Bienenprodukten wird vom Hobbyimker normalerweise nur der Honig geerntet (die anderen Produkte eventuell in kleinen Mengen zum Eigengebrauch), alle anderen Produkte, wie etwa der Pollen oder Gelee Royale, werden von darauf spezialisierten Berufsimkern gewonnen.

Den größten wirtschaftlichen Nutzen bringt die Biene jedoch durch ihre Bestäubungsleistung ein. Ca. 80 % aller heimischer Blütenpflanzen sind auf die Bestäubung durch verschiedene Insekten angewiesen. Die Honigbiene übernimmt hiervon einen bedeutenden Anteil. Der wirtschaftliche Nutzen der Bestäubungsleistung übersteigt den der Honigproduktion um das bis zu 15-fache. Damit ist die Biene eines der drei wichtigsten Nutztiere für den Menschen, neben Rind und Schwein.

Mit der Bestäubung der vielen verschiedenen Blütenpflanzen leisten die Bienen einen wichtigen Beitrag zur Erhaltung der Artenvielfalt. Dadurch sorgen sie auch für die Nahrungsgrundlage vieler Lebewesen, wie Vögel oder kleiner Säugetiere, und bilden dadurch ein wichtiges Bindeglied im Ökosystem.

Bei der Bestäubung von Nutzpflanzen, z. B. Raps oder Obstbäumen, spielt die Biene eine wichtige Rolle, denn sie ist beim Sammeln von Nektar Orts- und Blüten-treu. Das heißt, sie bleibt einer Pflanzenart während ihrer Blüte treu und überträgt den Pollen auf artgleiche Pflanzen. Durch die Bestäubung der Honigbiene steigert sich der Fruchtertrag erheblich – je nach Art bis zu 80 %!

Rechtliche Infos für angehende Imker

Wie schon im Kapitel „Grundsätzliche Überlegungen und erste Schritte" angesprochen, ist die Imkerei ein Hobby oder Beruf mit viel Verantwortung. Schließlich arbeitet man dabei mit Lebewesen und bringt eventuell Lebensmittel in Umlauf, daher gibt es einige Dinge zu beachten. Auch von rechtlicher Seite her muss der angehende Imker sich mit ein paar Vorschriften und Regeln auseinandersetzen, einige davon wurden schon erläutert, so z. B. die Regeln zum Aufstellen eines neuen Bienenvolkes (Standort – Wo bringe ich meine Bienen unter) oder auch die Vorschriften bei der Gewinnung und Weiterverarbeitung des Honigs (Grundausstattung des Imkers, Stichwort hygienisch einwandfreier Raum).

Zusammenfassend kann man sagen, dass folgende **Rechte und Pflichten für einen Imker** gelten:

• Die Haltung von Bienen setzt die Genehmigung des Eigentümers voraus, auf dessen Fläche das Bienenvolk aufgestellt werden soll.

• Auf jeden Fall hat der Bienenhalter dafür Sorge zu tragen, dass Unbeteiligte (Nachbarn, Passanten etc.) nicht wesentlich beeinträchtigt werden. Dies ist am leichtesten zu realisieren, wenn das Grundstück, auf welchem das Bienenvolk gehalten wird, eine entsprechende Größe hat und die Flugroute der Bienen nicht direkt durch den Nachbargarten führt. Wenn Bienenvölker z. B. auf einem Gebäudedach oder Balkon gehalten werden, ist für eine zuverlässige Absturzsicherung zu sorgen.

• Bei Beginn der Bienenhaltung ist dies unverzüglich dem zuständigen Veterinär- und Lebensmittelüberwachungsamt zu melden. Dies regelt die Bienenseuchenverordnung (§ 1a). Dabei ist auch eine amtstierärztliche Bescheinigung vorzulegen, welche die Seuchenfreiheit des Volkes bescheinigt. Diese Bescheinigung wird auch bei einer Verlegung des Standortes benötigt. Anzeichen einer Bienenseuche (amerikanische Faulbrut, kleiner Beutenkäfer u. a.) sind sofort dem zuständigen Veterinäramt zu melden.

• Wenn Honig nicht ausschließlich selbst verzehrt, sondern in Umlauf gebracht wird (auch beim Verschenken) muss man verschiedene lebensmittelrechtliche Vorschriften beachten. Hierzu werden bei Bieneninstituten oder Imkervereinen spezielle Schulungen angeboten.

• Honigbienen können heutzutage nicht dauerhaft allein überleben. Hierfür fehlen einerseits natürliche Behausungen, aber auch eingeschleppte Krankheiten machen den Bienen zu schaffen und bedeuten den sicheren Tod für ein sich selbst überlassenes Bienenvolk. Daher ist die Honigbiene auf die Unterstützung durch den Menschen angewiesen, darüber sollte man sich im Klaren sein, bevor man sich für die Haltung von Bienen entscheidet. Ein krankes und schwächelndes Bienenvolk stellt auch eine Infektionsquelle für andere Völker dar. Daher ist es in der imkerlichen Praxis von größter Wichtigkeit, seine Bienenvölker gesund und vital zu halten und den Schwarmtrieb so zu lenken, dass das neue Bienenvolk eine geeignete Behausung bekommt. Für all das sind vielfältige Kenntnisse notwendig, welche man sich in verschiedenen Kursen aneignen kann und sollte.

• Es werden verschiedene Versicherungen für Imker angeboten. Zum einen ist darin meist eine Haftpflichtversicherung enthalten, aber auch Sachschäden am Volk, wie Diebstahl, Sturm oder Brand, können damit abgesichert werden.

Sinnvolle Alternativen zur Imkerei

Wenn man sich für das Leben der Bienen interessiert, aber vielleicht nicht über den nötigen Platz oder die finanziellen Mittel verfügt, für den gibt es einige Alternativen, um sich mit dem Thema zu beschäftigen und der Honigbiene und anderen Insekten etwas Gutes zu tun. So kann man den heimischen Garten oder Balkon Bienen-freundlich gestalten, indem man auf einheimische Sträucher und Blühpflanzen setzt. Anstelle eines englischen Rasens kann man, zumindest teilweise, eine Wildblumenwiese anlegen. Auch blühende Stauden oder Kräuter sind eine Bereicherung für das Nahrungsangebot der Honig- und Wildbienen. Auch sonnig aufgehängte Nisthilfen für Wildbienen werden dankbar angenommen, bei diesen ist aber einiges zu beachten, so zum Beispiel, dass das verwendete Holz nicht mit giftigen Mitteln behandelt wurde und dass Bohrungen im Holz glatt und keine querstehenden Holzfasern vorhanden sind, da sich die Bienen daran ihre Flügel verletzen könnten. Gute Tipps zum Kauf oder Bau eines sinnvollen „Insekten- oder Bienenhotels" findet man reichlich im Internet oder auch in verschiedenen Ratgebern (z. B. Internetseite des NABU).

Auch mit dem Kauf von Honig kann man den Bienen und Imkern Gutes tun – solange er vom heimischen Imker oder zumindest aus der Region stammt.

Wenn man sich explizit für das Leben der Honigbiene interessiert, muss man nicht gleich selbst Imker werden. Man kann trotzdem Mitglied in einem Imkerverein werden oder vielleicht freut sich auch ein Imker in der Nähe über Hilfe und interessierte Menschen, denen er sein Wissen weitergeben kann.

Jeder Einsatz für die Honig- oder Wildbienen, sei er noch so klein, ist ein wichtiger Schritt, damit das

Fortbestehen dieser faszinierenden Tiere gesichert wird, denn wie angeblich schon Albert Einstein sagte:

„Wenn die Bienen aussterben, stirbt einige Jahre später auch der Mensch aus".

Herstellung und Verlag:

BoD – Books on Demand, Norderstedt

ISBN: 9783755732884

© Frank Schmidt 2021

1. Auflage

Kontakt: Psiana eCom UG/ Berumer Str. 44/ 26844 Jemgum

Covergestaltung: Fenna Larsson

Coverfoto: depositphotos.com